Troisième édition septembre 2010

© 2003 Mijade (Namur)
pour l'édition en langue française
Texte français de Laurence Bourguignon

© 2003 Eric Carle
Titre original :
Eric Carle's Animal ABC

ISBN 2-87142-228-1
D/2003/3712/47

Imprimé en Belgique

L'ABC d'Eric Carle

Aa

L'agneau est le petit de la brebis. Son papa s'appelle le bélier.
Sa fourrure est douce et chaude. Il bêle quand il a besoin de sa maman.

Le bourdon ne fabrique pas de miel.
Il aspire le nectar des fleurs, comme les papillons.

 **C** Le canard a des pattes palmées.
Ses plumes sont imperméables. Il a un large bec
pour remuer la vase au fond de l'eau.
Il mange des vers et des petits poissons.

Le dragon est un animal imaginaire.
Il existe seulement dans les histoires.
Il crache du feu et il est couvert d'écailles.
Il est souvent le gardien d'un trésor.

Ee

L'escargot porte deux grandes cornes,
et chaque corne porte un œil.
Il habite dans une coquille
qui grandit en même temps que lui.
En hiver, l'escargot ferme sa coquille
et s'endort jusqu'au printemps.

F f

Pour se nourrir, le flamant rose
aspire l'eau dans son bec.
Une sorte de peigne retient
les petites bêtes à l'intérieur.

G g

La grenouille ne boit jamais.
Elle absorbe l'eau par la peau.
C'est pourquoi celle-ci
doit toujours être humide.

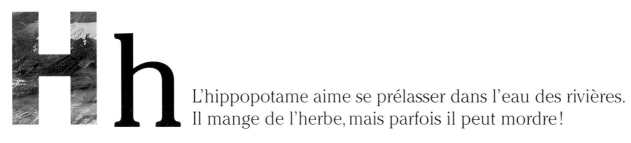

H h

L'hippopotame aime se prélasser dans l'eau des rivières.
Il mange de l'herbe, mais parfois il peut mordre!

i

L'iguane ressemble à un grand lézard.
Il vit en Amérique du Sud.

J j

Le jaguar est le plus grand félin d'Amérique du Sud.
Bon nageur, bon grimpeur,
il traque ses proies à l'affût ou à la course.

Quand il naît, le bébé kangourou est minuscule.
Sa maman le porte dans une poche sur son ventre
en attendant qu'il grandisse.

Kk

Ll

La nuit, en été, on voit voler des petits points lumineux.
Ce sont des lucioles. Si on les attrape, leur lumière s'éteint
et elles ressemblent seulement à des mouches.

La mante religieuse attrape les autres insectes
entre ses pattes de devant.
Quand elles sont repliées, on dirait que la mante prie.
C'est pour cela qu'on l'appelle ainsi.

Nn

Le narval vit dans les mers froides.
Sa corne en spirale est en fait une dent.
Elle peut atteindre trois mètres de long.

O o

L'ornithorynque possède des pattes puissantes.
Il peut creuser des galeries de trente mètres de long!
Il vit beaucoup dans l'eau, où il se nourrit de vers et de crustacés.

P p

Le pélican a une poche en-dessous du bec.
Il la remplit de poissons qu'il pêche dans l'océan.

Q q

Le quetzacoalt appartient
à la famille des perroquets.
Il vit dans les forêts d'Amérique centrale.
Il y a longtemps, les Incas fabriquaient
des parures avec ses plumes.

Le rhinocéros n'a presque pas de poils.
Il se roule dans la boue pour se protéger
du soleil et des insectes.

Quand ils grandissent, les serpents perdent leur peau.
En-dessous, il y a une peau toute neuve à la bonne taille!

T t

La tortue s'abrite sous sa carapace.
L'hiver, elle creuse un trou pour dormir.
Elle peut vivre cent ans.

U u

L'urubu est un vautour.
Il se nourrit d'animaux morts.
Grâce à lui, la forêt reste propre.

V v

La vache produit du lait.
On en fait du beurre,
du fromage et du yogourt.

Le wapiti est un grand cerf
qui vit en Amérique du Nord et en Sibérie.
Son nom vient d'un mot indien.

X x

Monsieur X est un drôle d'animal.
Il est fait avec des morceaux de plusieurs animaux.
Les reconnais-tu ?

Yy

Le yack vit dans les montagnes d'Asie.
Il porte une toison épaisse.
Elle lui permet de supporter les grands froids.

Z z

Pourquoi les zèbres sont-ils rayés?
Peut-être pour se reconnaître entre eux?
En effet, chaque zèbre porte des rayures différentes.